RÉFLEXIONS

CONTRE

LA COMPÉTENCE DE LA CHAMBRE DES PAIRS

DANS L'AFFAIRE D'AVRIL 1834.

Imprimé seulement pour MM. les Pairs.

RÉFLEXIONS

CONTRE

LA COMPÉTENCE

DE LA CHAMBRE DES PAIRS,

DANS L'AFFAIRE D'AVRIL 1834.

—

1ment **POINT DE DROIT POLITIQUE.**
2ment **JUSTICE ET CONVENANCE.**
IMPOSSIBILITÉ. — CONCLUSION. — SUPPLÉMENT.

—

PAR M. LE Cte D. DE SESMAISONS,
PAIR DE FRANCE.

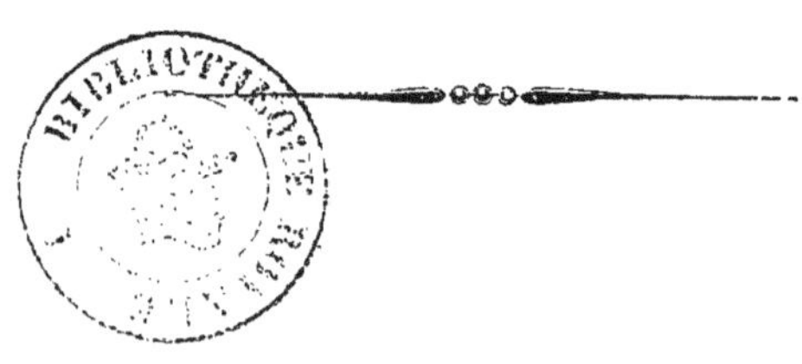

PARIS.

IMPRIMERIE DE BÉTHUNE, BELIN ET PLON,
36, RUE DE VAUGIRARD.

—

Décembre 1834.

Paris, 23 Décembre 1834.

MESSIEURS,

Aucune opinion ne s'était encore déclarée pour l'incompétence de la chambre, quand mon tour est venu de donner la mienne. En voyant que j'étais jusques-là, seul de mon avis, contre la compétence, j'aurais mis un prix extrême à pouvoir exposer mes motifs, et j'en avais préparé les développements.

M. le président avait déclaré au commencement de la séance qu'il ne serait point discuté sur la compétence de la chambre en thèse générale, (*théoriquement*, c'est l'expression dont il s'est servi) mais qu'on ne ferait que délibérer si *l'affaire actuelle* était de la compétence de la chambre. La chambre avait donné son assentiment à ce mode et seulement il avait été entendu que chacun pourrait motiver son vote, s'il le désirait, mais sur le seul fait actuel. J'ai dû respecter cet ordre de la discussion telle qu'elle s'était engagée et qu'elle avait été suivie jusqu'à moi. J'ai donc été forcé de me

borner à déclarer que je n'admettais pas la compétence de la chambre, tant que les lois qui dé-
finissent les crimes à lui déférer, n'étaient pas
faites, non plus que la jurisprudence de la cour.

J'avoue, Messieurs, qu'il m'a fallu chercher
du courage dans ma conviction profonde pour
ne pas me laisser intimider par l'isolement où se
trouvait mon opinion. Mais je déclarai que dût-elle
demeurer seule, je ne m'en effrayais pas ; 4 voix
seulement, sur 142, se sont jointes à la mienne.

Resté dans une si faible minorité, j'ai besoin
de prouver à mes collègues qu'une vaine présomption ne me guidait pas, et de leur dire quelle était
l'importance des motifs que je m'étais proposé
de leur soumettre. J'ai donc fait imprimer les
réflexions que j'avais tracées, et j'ai l'honneur
de les leur adresser avec un supplément que la
discussion m'a engagé à y joindre.

J'ai l'honneur d'être,

Messieurs,

Votre très humble et obéissant
serviteur,

D. de SESMAISONS,
Pair de France.

1^{ment} POINT DE DROIT POLITIQUE.

Le jugement que la cour va prononcer sur la compétence, n'est pas si simple qu'on veut le croire. Jamais, au contraire, décision ne fut plus difficile à prendre, car elle ne porte pas seulement sur le point de droit, mais encore sur des considérations qui, je crois, dominent le droit lui-même.

L'instruction faite par notre commission se termine par un exposé des motifs qui peuvent engager la chambre à prononcer sa compétence. J'ai dû le méditer pour y chercher mon devoir; je rendrai justice avec toute la chambre au talent qui a présidé à ce travail; mais enfin, quoique bien grave, ce n'est qu'une opinion, et dans tous les cas, je suis sûr que la chambre trouvera que je reste dans les convenances, en demandant la permission de la combattre avec respect.

Cette opinion reproduit, avec toute la force dont ils sont susceptibles, les motifs en faveur de la compétence.

La cour, y dit-on, paraît être dans les termes et l'esprit de la Charte qui lui défère les attentats contre la sûreté de l'état. Elle est saisie par ordonnance royale, elle l'est encore, par la loi récente sur les associations; la chambre peut donc retenir la cause. Je réponds :

Ces raisons ne sont que plausibles, à moins que la cour ne soit décidée à suivre encore ses précédents, et qu'elle les regarde comme suppléant le manque de définition des crimes et son défaut de jurisprudence. Mais ce sont là des considérations tellement graves, en matiere criminelle, que chacun reste maître de les apprécier.

Loin que les considérations qui, selon moi, dominent la question, aient été combattues, elles n'ont même pas été présentées par la commission, qui a regardé toutes ces considérations comme jugées par vos précédents.

Cependant ma première objection est puisée à la source même de nos droits. L'article 28 de la Charte dit : « La chambre des pairs *connaît* des

« crimes de haute trahison et des attentats contre
« l'état, qui seront définis par la loi. »

Ainsi, notre compétence ne commencera que
quand les crimes à vous déférer seront définis par
la loi. Pas avant.

Or, ces lois n'ont pas été faites ; vous n'êtes
pas compétents en les attendant. Vos précédents
ne sont rien en une si grave matière que l'est la
puissance judiciaire attribuée à une portion de la
législature.

D'ailleurs, vos précédents de l'ancienne pairie
ne sont rien sous les dispositions précises de la
Charte nouvelle. Ils établissent seulement que déjà
vous avez jugé sans les lois qui devaient compléter
votre compétence. A l'ancienne pairie de s'en ex-
cuser, mais nous ne pouvons pas en faire autant.

Si à toute force la chambre a pu alors s'en
rapporter à *l'esprit de la Charte*, vous ne le pouvez plus, quand la Charte n'est plus sujette à interprétation sur ce point, et que le vague a été
changé en positif.

En effet, dans la discussion sur l'adoption de
la Charte, M. Mauguin voulant replacer la chambre
dans le cas de ne juger que les crimes définis par
la loi, proposa de retrancher les mots «qui seront
définis par les lois.» Par là, les seuls crimes définis

par le Code se seraient trouvés dans votre juridiction. On s'y opposa, en faisant remarquer que
l'inconvénient serait bien plus grand, car vous
pourriez ainsi vous saisir d'une quantité de crimes
qui sont désignés dans le Code, tandis que votre
compétence était destinée à des crimes d'une
toute autre nature ou d'une toute autre importance, qu'il fallait qui fussent *définis*. M. Berryer
et M. Dupin furent entre autres de cet avis, et
M. Dupin, repoussant la crainte que vous ne vous
déclarassiez encore compétents pour juger des crimes, avant que la loi en eût fait la définition,
ajoutait : « C'est un tort qui retombe sur l'ancien
» gouvernement, qui n'a pas tenu ses promesses.
» J'espère que celui-ci les tiendra. »

Ma seconde objection sera celle que l'on a
toujours tirée de votre manque de jurisprudence.
Je sais ce que soutient à cet égard le système de
la compétence.

Vous avez, nous dit-on, déjà siégé plusieurs
fois, sans que votre jurisprudence fût fixée. —
Elle le devient de plus en plus par vos précédents.
Votre sagesse, votre droiture, votre consciencieux examen sont au-dessus de cette jurisprudence qui ne vous offrirait que des entraves. Vos
jugements d'ailleurs ne peuvent être réformés. A
quoi donc vous serviraient des règles que votre

prudence, votre sagesse, pourraient vous engager à enfreindre. Vous ôteriez ainsi plus d'autorité à vos jugements, que vous ne voulez leur en donner ; car on viendrait critiquer, interpréter, combattre cette jurisprudence même

Des esprits, d'ailleurs très éclairés, ont été jusqu'à dire : Nous ne devons jamais faire notre jurisprudence. Il est mieux que nous n'en ayons pas.

Messieurs, mon esprit est resté accablé sous le poids de ce système, et je me suis demandé : Les lumières du bon sens sont-elles donc obscurcies par celles des sophismes ? Quoi ! On nous dira que nous sommes plus sages et plus justes, parce que nous le sommes sans règle. Heureusement que, pour me sortir de mon étonnement, je vois devant moi de bons guides, et assez d'hommes célèbres, dans cette chambre (1), lesquels ont sollicité ces lois qui nous manquent encore aujourd'hui. Ce défaut de jurisprudence porte le trouble dans mon esprit, et m'ébranle dans l'accomplissement de mes devoirs, premier et triste effet de l'indécision où nous sommes.

Si je cherche à m'éclairer par la réflexion, je

____

(1) MM. de Lally-Tollendal, de Barante, Ferrand, duc de Montmorency, Lanjuinais, prince de Talleyrand, et beaucoup d'autres.

remarque que nous ne réclamons cette indépendance de la loi, ou plutôt l'absence de la loi,
que pour nous. Pourquoi la royauté, l'autre pouvoir législatif, la cour de cassation, tous ces pouvoirs enfin qui ne sont pas réformables, n'en diraient-ils pas autant? Ne peuvent-ils pas prétendre
aussi que leur marche est gênée par les entraves?
et cependant nous voulons des lois pour chacun
de ces pouvoirs, et nous prétendons avec raison
qu'ils ne s'en départent pas. La rectitude, la sagesse, l'utilité publique des jugements ne suffisent nulle part, et un tribunal suprême réforme
les jugements des cours, quand les formes n'ont
pas été observées.

Les pouvoirs qui ne connaissent pas de pouvoirs supérieurs à eux, doivent donc être plus sévères gardiens de leur jurisprudence que ceux qui
peuvent être réformés.

Et nous, Messieurs, nous n'aurions même pas
de jurisprudence? Quoi ! toute la législation française est fondée sur la protection des degrés de juridiction, et nous, nous n'aurions même pas des
formes protectrices à offrir à nos justiciables : nous
qui sommes une cour composée de tant d'hommes qui ne sont pas légistes, nous qui sommes
un assemblage de sentiments et d'impressions si

diverses, nous n'aurions pas de jurisprudence, même pour nous guider !

J'ai déjà assez remarqué que nos esprits sont flottants sur divers points. Hier encore, nous donnions, dans le jugement du *National*, un spectacle dont tous les nombreux spectateurs ne comprenaient pas la cause, cependant très respectable sans doute. Nous hésitions, il fallait nous expliquer les précédents, dont peu de personnes avaient connaissance, et qu'assurément personne ne pouvait discuter. Il fallait qu'on nous instruisît sur le droit de parler, sur le scrutin, même sur le choix des urnes. Nos scrupuleuses hésitations trahissaient les efforts que nous faisions pour accomplir consciencieusement notre devoir, et nous faisaient accuser de l'étudier.

Messieurs, je comprends que peu après que la Charte de 1814 fut établie, si une cause se fût présentée où il se fût agi de danger pressant pour l'état, la cour des pairs pouvait en être saisie selon *l'esprit* de la Charte. Elle pouvait procéder au jugement sans avoir fait encore sa jurisprudence, fondant l'autorité de son arrêt sur ses consciencieuses intentions, sur son indépendance, sur le soin qu'elle observe de suivre autant que possible les formes des tribunaux; enfin, sur l'impossibilité que les lois fussent faites encore; c'était là le cas de nécessité suprême du salut de l'état. Mais ce jugement, rendu forcément dans l'absence d'une jurisprudence établie, ne devait pas laisser tranquille un instant sur la crainte que cette déplorable nécessité se renouvelât.

Alors qu'un an ne s'était pas écoulé depuis l'établissement de la Charte, la chambre des pairs n'avait point encore de reproches à se faire de manquer de jurisprudence, mais à partir du lendemain de son premier jugement rendu comme cour, il y eut faute, et cette faute s'est perpétuée pendant les 14 ans de restauration.

Il y a eu faute plus grande, si cela est possible, depuis 4 ans où toutes les institutions ont eu pour but de faire disparaître les traces de l'arbitraire, d'en rendre même la supposition impossible, et d'établir partout le règne de la loi.

Oui, je dis qu'il y a eu faute plus grande, car depuis que l'hérédité de la chambre a été détruite, son indépendance a été douteuse aux yeux du pays parce qu'elle n'a plus été manifeste. J'oserai même dire que bien que composée des juges les plus élevés par leur personne, la cour des pairs n'offre plus de garantie que l'inamovibilité des juges comme les autres cours, et moins que toutes les autres, la fixité de la composition. Le gouvernement ne peut pas, il est vrai, en faire

une commission, comme on l'a voulu prétendre, mais à des époques très rapprochées il
peut y faire entrer un nombre assez grand de personnes élues pour un dessein particulier, et c'est
ce qui était moins facile quand la chambre était
héréditaire. Aussi, voyez, Messieurs, quels reproches nous ont été adressés à ce sujet par les
écrivains que nous nous sommes crus obligés de
punir, que nous n'avons vraisemblablement ni
convaincus ni découragés.

Oui, Messieurs, vous auriez le droit d'après la
Charte de juger les procès dont vous êtes saisis, si
d'une part les crimes que vous avez à juger étaient
définis par la loi, et si de l'autre votre jurisprudence était faite. Mais rien de tout cela n'est fait.
Tous ceux à qui l'initiative a appartenu doivent
en prendre sur eux la faute, et la couronne toute
la première; car cette loi était fondamentale, elle
était complémentaire de la Charte; mais vous ne
l'avez pas cette loi, et la première des lois pour
vous c'est de ne pas juger sans loi.

Y a-t-il, comme je l'ai entendu soutenir, impossibilité de la faire? Eh bien! il y a dès-lors encore
plus grande impossibilité à ce que vous jugiez.

On a voulu dire que la loi récente de 1834 est
une de ces lois qui nous manquaient, et que cette
loi nous saisit parfaitement.

Non, Messieurs, cette loi dit seulement que les attentats contre l'état, commis par les associations, pourront être jugées par la chambre des pairs ! Mais elle ne contient pas la condition voulue par la Charte; savoir, la définition des attentats qui seront commis par les associations.

Ainsi, la loi sur les associations ne nous donne jusqu'à présent aucune compétence.

Je ne suis pas de ceux qui n'ont pas confiance dans l'équité de vos jugements, et s'il s'agissait de ma cause, c'est moi, prévenu, qui solliciterais votre juridiction.

Mais la calomnie s'attachera toujours aux corps politiques chargés de juger. Peu d'accusés sont contents de leurs juges, s'ils craignent des condamnations, et ils saisissent tous les moyens d'attaquer l'autorité de leurs arrêts.

Ainsi on se plaint ici de la confusion qui règne entre les juges de l'accusation, et les juges du fait.

On se plaint de l'impossibilité d'exercer des récusations, d'après les principes du jury, dans un tribunal où cependant le même homme réunit les fonctions de juré et de juge, et où la nature même des causes qui y sont portées, doit faire rencontrer plusieurs adversaires personnels.

On se plaint avec raison du peu de fixité de la cour, tellement que l'esprit en est inévitablement changé par l'admission de nouveaux membres et même par la facilité qu'a le gouvernement d'écarter ceux qui ne lui conviennent pas, par des emplois hors de cette enceinte.

On se plaint de voir prendre part au jugement (et à moi cela me semble intolérable) ceux-là même qui ont pris part à des circonstances ou à des actes de la cause ; par exemple, dans celle qui nous occupe, les magistrats ou administrateurs et les généraux qui ont déjà contribué aux actes de prévention, d'arrestation, aux ordonnances sur la juridiction qui renvoient l'affaire à cette chambre, même au combat contre les accusés.

Tout cela, il faut bien l'avouer, tout cela présenté avec des commentaires au moins spécieux infirme votre autorité.

Me répondra-t-on que moi-même j'ai jugé dans le procès des ministres et que j'ai prononcé arrêt.

Quelle similitude y a-t-il? Les prévenus étaient les ministres qui ne pouvaient avoir d'autres juges que nous ; ils étaient accusés par la chambre des députés. Aussi l'opinion publique ne balançait pas à nous presser de juger. Il y avait alors l'excuse de n'avoir pas pu faire notre jurisprudence, puisque nous n'avions pas encore eu de session. Mais encore, il faut l'avouer, ce n'était qu'une excuse !

Oui, Messieurs, alors je suis venu ici avec vous, non pour condamner, mais je m'en applaudis avec la France, qui aujourd'hui se félicite de ne point avoir ensanglanté sa révolution, j'y suis venu partager vos dangers, non pour condamner cóm- me l'émeute l'exigeait de nous, mais pour sauver en punissant.

2^{ment} JUSTICE ET CONVENANCE.

Ce n'est pas le tout, Messieurs, que d'avoir le droit de faire une chose, il faut encore qu'il y ait justice et convenance à la faire.

Examinons votre compétence sous ces deux rapports que je confondrai.

Certes, ils sont bien coupables ces hommes, si tout ce que le rapport nous a appris de leurs desseins et de leurs actions est avéré. Je ne commettrai pas la lâcheté de prétendre qu'ils ne sont pas criminels, ceux qui auraient cherché à renverser par la révolte, par la violence, par le sort des guerres civiles sans prétexte et sans chances, la forme du gouvernement établie dans leur pays, par les deux corps formant le pouvoir législatif, confirmée depuis par le consentement des élections, et que toute l'Europe a reconnue. Des hommes qui auraient joint des crimes contre la société, à des attentats contre l'État.

Mais veuillez faire attention que c'est une révolution heureuse qui vient accuser une tentative malheureuse de révolution; et cela dans cette enceinte, où un ministre nous disait encore si récemment, que cette révolution heureuse *était un malheur.*

Mais, dira-t-on, ces prévenus sont républicains! Je suppose, Messieurs, qu'on ne parle que des chefs, car la foule, vous le savez, n'est rien: ou plutôt, c'est tout ce qu'on veut qu'elle soit. La colère, le besoin, l'erreur la conduisent tour-à tour; quelque coupable qu'elle soit, toujours encore plus aveugle !

Oui, rien de plus vrai, ces hommes sont républicains par principes, ou réfugient leur mécontentement dans des formes de gouvernement qui sont ennemies des nôtres ! Mais vous savez que la république n'est pas en soi, et abstractivement parlant, un gouvernement coupable. Il est même le rêve des esprits généreux; et à qui des sentimens républicains n'ont-ils pas passé à travers le cœur? Je dirai plus, c'est l'expérience ou l'impossibilité qui, pour beaucoup de nous, a dissipé cette illusion avec tant d'autres. C'est parce qu'on voit la république toujours cherchant à s'élever sur les débris fumants et ensanglantés de la société actuelle, et même à ce prix ne pouvant pas s'établir. Mais si vous demandez à la plupart de ces hommes: La république est-elle possible en France?—C'est une question à laquelle ils répondent hardiment: *Oui*. Les uns avec toute la passion de l'erreur, tandis que d'autres, moins sincères et plus habiles, ne cherchent que leur propre intérêt, en échauffant la droiture des ames plus simples.

Vous pensez bien que je ne viens pas traiter de l'excellence ou des inconvénients de la république. Je passerai rapidement à cette question :

Le citoyen français a-t-il le droit de l'établir par la violence ?

Certes, ce n'est pas moi qui vanterai la sainteté ni même la majesté des insurrections où ces hommes égarés se sont laissé entraîner, mais je dirai comment ils y ont été conduits.

Ici, Messieurs, je demande quelque indulgence pour ce que j'ai à dire. On pourrait trouver que je parle un peu trop en faveur des accusés. Messieurs, je me tairais, si ce que je désire vous faire entendre avec circonspection ne devait pas être dit avec haine, avec violence, par les voix que vous appellerez ici à se défendre. Il faut donc que vous soyez avertis, il faut que vous connaissiez la position ; et moi, qu'un singulier et heureux hasard a tenu en dehors de toutes choses, je crois pouvoir en parler avec autant de calme et d'impartialité que qui que ce soit, et avec des intentions qui ne sont hostiles à personne. C'est pour cela que je prends la parole, afin que mes réflexions, toutes hardies qu'elles sont, frappent l'esprit des orateurs qui parleront en faveur de la compétence.

Je dirai donc comment les prévenus ont été conduits à ce qu'ils ont fait.

Les sociétés secrètes que nous réprouvons, de qui ont-elles reçu l'exemple? Qui défendit leur droit? Combien de ces sociétés furent établies avec la différence, en faveur de quelques-unes, que si ce n'était pas pour fonder la république, (et d'autres allaient jusques-là), c'était du moins pour se procurer le pouvoir (1)? Je ne dis pas, au reste, qu'on ne fût persuadé qu'on ferait de la puissance un meilleur usage que ceux qui l'exerçaient, mais enfin, on ne prétendait pas que l'on ne voulût l'exercer que sous un souverain. On ne se sépara pas des républicains dès l'abord. Nous en avons compté dans tous les rangs de notre hiérarchie politique, avec qui on resta alliés, et avec qui on le resta, même au-delà du temps où on prétendait avoir établi la meilleure des républiques, avoir fondé le trône sur la souveraineté populaire et l'avoir entouré d'institutions républicaines.

Remarquez que ce n'était que parce qu'on cherchait une garantie des libertés annoncées, que les hommes graves dont il reste encore aujourd'hui

---

(1) Quelques sociétés, avant les événements de 1830, furent jusqu'à faire serment de haine à toute royauté! Certainement je crois que, s'il était possible qu'il y eût parmi nous quelque membre de cette chambre qui eût fait partie de ces sociétés, ce que je me refuse à croire (à moins qu'il ne se récusât), il devrait comprendre qu'il n'est pas en position de justice et de convenance pour porter un jugement.

quelques-uns à la tête des affaires, ont désiré avoir un prince qui ne pût s'appuyer sur sa légitimité.

Certainement on a bien été forcé de ne pas tenir parole, puisqu'on établissait une monarchie incompatible avec de telles promesses, mais enfin, ces promesses, on ne les a pas tenues, et ceux-la seuls qui les avaient faites n'avaient pas le droit d'y manquer. Cependant y avait-il des promesses possibles à tenir, et auxquelles on a manqué par amour du pouvoir? Je réponds : oui ; et moi qui par réflexion et par conviction, ne suis pas républicain, je trouve qu'on a manqué à des conditions promises, et qu'il était possible d'accomplir, même sous la restauration.

Qu'a-t-on fait, au contraire? En laissant croire d'abord qu'il n'y avait pas de dissidence sur les principes du gouvernement, on n'a paru insister que sur une forme à leur donner. Puis, quand on a eu ainsi entre les mains les armes du pouvoir, on s'est écarté de plus en plus des idées républicaines qui avaient présidé à la révolution. On a reconnu, ce qui est effectivement vrai, qu'elles ne corrigent la royauté qu'en la renversant.

On repousse donc les formes, les discussions, les associations républicaines. On fait de nouveau, et on y est bien obligé, a peu près ce qui avait été le prétexte de la révolution.

On traduit devant les tribunaux des écrits qui sont à peu près semblables à ceux d'alors, moins le nom des signataires. Effectivement la monarchie ne peut résister à de tels écrits.

On étouffe des chants qui naguères retentissaient au balcon du palais. Effectivement ces hymnes annoncent aux rois plus que leur renversement.

On condamne les mêmes maximes à l'aide desquelles s'étaient exaltés les esprits, et les esprits ont conservé leur exaltation. Cependant ces maximes sont laissées si incertaines, ou bien tout en agissant contre les actions qu'elles engendrent, le gouvernement ose si peu avouer ses nouveaux principes, que tous les jours il invoque encore son origine populaire, et, j'ose à peine en croire mes yeux, elle est invoquée dans le rapport de notre commission. (1)

Comment donc être à la fois justes, sévères, et conséquents ?

Pourrait-on se fonder sur ce qu'après avoir consommé la révolution à la faveur des troubles, on s'est efforcé de rétablir l'ordre, aussitôt que les avantages des troubles ont été recueillis ?

Mais ceux qui ont voulu de nouveaux troubles ne manqueront pas de vous répondre, qu'ils ne

____

(1) « Ils reconnaîtront (les Français) que le trône constitution-« nel élevé par le peuple..., etc. » (*Rapport*, p. 410.)

les voulaient que pour changer le gouvernement au profit du bien public, et que s'ils en avaient recueilli les fruits, ils auraient fait à leur tour des efforts pour obtenir par l'ordre auquel ils eussent présidé la durée de leurs succès. On vous répondra, comme le dit encore le rapport avec quelque imprudence, qu'on a voulu faire une nouvelle révolution. (1)

Le gouvernement n'a de langage sincère, possible à tenir aux accusés, que celui-ci : Oui, des hommes aujourd'hui au pouvoir ont partagé avec vous des erreurs. Nous avons cru que l'on pouvait opposer à un gouvernement, aux fautes *illégales* d'un gouvernement, plus que des résistances légales. Nous avons été justifiés par le succès, et le succès a disposé du pouvoir. Nous l'avons partagé avec un petit nombre d'entre vous, alors nos alliés, nous n'avons pas pu faire une part à tous.

De là vos mécontentemens; vous êtes devenus fougueux, entraînés peut-être à la révolte par la force des choses, comme nous l'avons été nous-mêmes. Mais enfin nous sommes arrivés; vous ne l'êtes pas. Notre intérêt maintenant c'est celui de la *conservation*, à laquelle nous avons donné le nom moins égoïste de *résistance*, et c'est en même temps, il faut bien qu'on le reconnaisse, c'est en même temps l'intérêt de la France.

(1) *Rapport*, p. 406.

Le vôtre est de susciter de nouveaux troubles, vous avez voulu faire, comme le dit le rapport de la commission de la chambre des pairs, une nouvelle révolution. Vous ne la guideriez pas, nous en sommes convaincus, avec la modération, l'habileté, et il faut le dire, avec le bonheur inespéré qui a présidé à notre conduite. Souffrez donc votre sort sous peine de compromettre le bien public. Et pourquoi n'en seriez-vous pas satisfaits? Vous jouissez de tous les droits assurés au pays ; faites-lui sentir votre utilité; les élections sont là, qui portent et même assez rapidement à la puissance les hommes de mérite ou simplement de talent. Nous désirons montrer beaucoup de modération, c'est même un rôle plus facile pour nous. Mais nous serons obligés de vous punir sévèrement, si vous vous indignez, et que votre indignation éclate en actions répréhensibles.

Voilà, Messieurs, ce que vous pouvez dire avec franchise aux accusés et non sans quelque droit, car c'est quelquefois ainsi que se forme le droit après les révolutions. Ils contrediront ce langage sans doute, ils allègueront leurs sentiments politiques. Les plus coupables iront même jusqu'à prétendre que la générosité de leur caractère leur a fait illusion, sur ce que leurs moyens d'exécution avaient d'odieux et d'anti-social. Certainement ils ne parviendront pas à tromper sur ce point les hommes tant soit peu éclairés parmi leurs concitoyens. Mais l'homme consciencieux, qui examine ce qui s'est passé, est suffisamment averti de l'avenir par ce qu'il observe. Il sait que souvent en politique aujourd'hui le nom des partis est *coupable*, et que l'avenir ne les appellera peut-être que *vaincus*.

Le gouvernement (c'est peut-être fort injuste, mais je ne parle que des faits), le gouvernement a peu de vrais et chauds amis, il a plus d'ennemis ; et une immense majorité qui ne pense pas à lui susciter d'obstacles, est indifférente à ce qui le touche. Le désir de la paix, la crainte de tout ce qui la trouble, voilà les deux sentiments généralement éprouvés. La haine est contenue et l'affection est rare. Et tandis que les favorisés aiment avec une confiance bien chétive et que les ennemis détestent en silence, la masse laisse le gouvernement devenir ce qu'il pourra, comme une barque abandonnée qui ne porterait rien de précieux; car on sent que les destins de la France ne sont pas là.

Mais après tout, qui condamneriez-vous? Des hommes éminents dans l'état? qui à eux seuls y sont une puissance? Des Condés, des Guises ou des Colignys, ou même seulement des Gondis ou des Epernons? Car ce sont de semblables conspirateurs que vous êtes institués pour juger *quand vous aurez vos lois* : vous jugerez alors eeux à qu on ne trouverait pas d'autres juges, à cause de leur grandeur, de leur importance, de la crainte qu'ils pourraient inspirer à de moindres juges, et enfin en justice aussi pour eux, à cause des lumières qu'il faut quelquefois avoir pour juger de tels coupables.

Mais, les prévenus ne peuvent rien par eux-mêmes. Ce sont des hommes qui ont besoin d'associer leurs mécontentements, leurs projets, et jusqu'à leur énergie. Ils ne peuvent rien sans l'association, soufferte alors qu'ils préparaient leur révolte, et qui interdite aujourd'hui est un délit, si difficile et si long, qu'il peut toujours être saisi et même être prévenu.

VOUS CONDAMNERIEZ DONC SANS NÉCESSITÉ? Et je vous prie de bien le remarquer, c'est ici le plus grand des arguments pour des juges politiques.

Après de grandes discordes civiles, le plus prompt moyen de les terminer c'est le pardon. Je parle, Messieurs, non en faveur des personnes, mais en faveur des choses. L'oubli, telle fut la maxime de tous les souverains qui ont laissé quelque réputation de leur habileté. Ceux qui ont été impitoyables en ont porté l'odieux dans l'histoire.

Dira-t-on que je veux que le procès n'ait pas lieu? Messieurs, je n'ose pas dire, tel est mon dessein, car il faudrait que j'eusse dans la puissance des paroles que je vous adresse, une confiance que je n'ai pas ; mais tel est mon vœu, et qu'on ne vienne pas dire que ce soit au détriment de la souveraineté ! Non Messieurs, quand les ministres nient, sans doute avec vérité, la qualification cruelle donnée à leurs ordres , le mot dont on s'est servi reste cependant , et le peuple qui passe si facilement à la pitié, ne sait que faire de ce mot. Il faut qu'il le place, et s'il renonce à l'appliquer aux ordres du ministre, il l'attache très-injustement au nom du souverain. Il vous appartient d'empêcher ce malheur.

L'histoire n'a pas encore éclairci si le grand homme qui régna sur la France, fût un jour mal conseillé. Mais s'il est un rayon terni dans l'auréole de Napoléon, c'est qu'un jour, trompé peut-être par l'importance et la grandeur de son ennemi , il oublia qu'aucune rigueur n'est grande comme la clémence est auguste.

Messieurs, voyez ce qui a eu lieu.

On a tué dans plusieurs villes ceux qui se sont révoltés, surtout à Paris et à Lyon. On a repoussé l'insurrection par le feu des armes. On a fusillé, canonné, mitraillé les insurgés , et, ce qui était inévitable, souvent les innocents. On a détruit les maisons, enfin on a fait tout ce que militairement il convenait de faire pour vaincre la révolte. Je ne le dis pas pour le condamner, mais pour établir que la répression a été en même temps la punition. Oui la punition des factieux par leur mort, et en même temps l'expiation par le sang français répandu, et par le sang innocent qui a été mêlé au sang coupable.

Plus je parle d'événemens douloureux, plus je veux éviter d'en ensanglanter les souvenirs. Je ne veux pas même prononcer le nom d'une rue où le succès fut si déplorable, je sais combien ces événemens sont impossibles à prévenir; mais aussi plus le gouvernement les a déplorés, plus il doit désirer arrêter sa victoire.

Quant à moi, je veux bien être juge d'un rebelle qui n'a pas essuyé mon feu, mais le gouvernement ne doit pas porter, l'un après l'autre, le mousquet et la main de justice.

Il ne peut pas faire tomber ceux que le plomb atteint, et puis juger ceux qui ne sont pas tombés.

Quelle est l'insurrection la plus grave, la plus dangereuse pour un gouvernement? La plus criminelle, eu égard à ceux qui s'en rendent coupables, c'est celle de la force armée. Des soldats que l'on croit ses amis, en qui l'on se confie, qui ont juré leur foi, qui ont engagé l'honneur militaire, se révoltent tout-à-coup, joignant le parjure à la trahison. Que faites-vous de plus rigoureux pour les punir? sur dix vous en prenez un, coupable ou innocent. Mais après cela tout est fini!

Eh bien, Gouvernement, qu'avez-vous fait? vous

avez décimé les révoltés, pêle mêle avec ceux qui ne l'étaient pas. Vous avez fait des morts et, malgré vous, je le sais, vous y avez ajouté des victimes innocentes. O que tout soit donc fini. Il est sage, il est temps que le peuple français tâche de se réconcilier.

Croyez-vous que le gouvernement se concilie beaucoup d'amour en sévissant contre ces hommes? Croyez-vous du moins leur inspirer beaucoup de craintes? O mon Dieu, ni l'un ni l'autre! Quand dans les opinions tout est incertitude, quand dans les devoirs tout est problême, quand dans le succès tout est hasard, la vie se joue comme tout le reste, et quelquefois, (pardonnez à la tristesse qui domine mon âme) quelquefois on n'est pas fâché de perdre.

Si on me disait que de telles paroles confondent les idées de justice que cette Cour doit aux citoyens, je répondrais qu'en ce moment, ces paroles ne peuvent être qu'un vœu. Mais oui certainement je désire l'amnistie avec un illustre maréchal que la France proclame humain, honnête et sage.

Messieurs, faites bien attention, je vous prie, à une certaine facilité par laquelle on nous fait souvent nous engager sur un espoir qui ensuite est détruit, et ne nous laisse que des regrets. Plusieurs de nous, n'avons-nous pas entendu dire : Reconnaissez toujours notre compétence, c'est le seul moyen d'arriver aux débats, qui seuls peuvent éclairer la France sur les projets des coupables, non pas seulement contre le gouvernement, mais contre la société? Ce dernier crime on ne le connaît pas assez parce qu'on ne peut y croire. On ne peut croire à des projets destructeurs de toute civilisation. C'est moins les punir que veut le gouvernement, que les faire connaître. Ne l'avez-vous pas entendu dire que le temps de l'amnistie n'était pas encore venu? N'est-ce pas dire qu'elle viendra, et elle viendra quand elle sera le plus utile. Elle viendra, après la démonstration des délits. Aussi ne devez-vous pas vous embarrasser des difficultés physiques et matérielles du procès. L'amnistie arrivera pour en prévenir la plus difficile, le temps.

Ne nous laissons pas prendre à ces paroles. Remarquez seulement que le gouvernement, dans plusieurs discours des ministres, a établi que le gouvernement avait lui-même désiré l'amnistie un instant, et que seulement le moment n'en était pas venu. Ainsi la possibilité de l'amnistie est admise, et la grande question d'oubli se réduit à une question d'opportunité.

Cependant je ne m'appesantirai pas sur ce vœu d'amnistie, et si j'en avais besoin je solliciterais de nouveau indulgence pour ce que j'en dis, alors que ce n'est pas le point en discussion.

Mais je n'ai point à en demander quand je parle strictement sur un point de jurisprudence, que je crois mériter votre attention. Le voici :

Personne ne disconviendra que nous sommes à la fois une assemblée de jurés, une cour de justice et un des deux corps législatifs de l'état, il y a ainsi trois pouvoirs réunis dans nos personnes.

Comment se divisent ordinairement en France les pouvoirs judiciaires ? Dans les cours royales on distingue le juré, qui est une personne, et le juge qui en est une autre. Le juré affirme le fait, le juge l'apprécie; nous savons assez que le juge, si les circonstances demandent son indulgence, absout. Bien plus, le juré qui reconnaît le fait, qui veut lui accorder indulgence, et qui craint de ne pas la trouver dans le juge, excède son droit, et anticipe le jugement par son verdict de non coupable (1).

(1) **En Angleterre**, pays classique du jury, les Samuel Romilly, les Blackstone, les Bentham, les Robert Peel, les Brougham, vous signalent ces *pieuses fraudes* du jury quand il est séparé des juges. Le jury déclare qu'un fait plus clair que le jour, qu'un fait matériel tel qu'un billet de banque déposé sur le bureau, n'est pas réel, et cela en présence d'une foule immense qui applaudit.

Il y a d'autres tribunaux, où le juge est à la fois juré et juge, comme dans les tribunaux militaires. -

Là, le verdict du juré est dominé par la consciencieuse appréciation que le juge doit faire. On conçoit bien que l'appréciation du fait dominant dans l'intelligence la simple affirmation de ce même fait et le jugement ne pouvant se diviser dans la même personne, il a bien fallu laisser le prononcé au juge. — Il ne peut l'exprimer que par *oui* ou *non*, sur la question *est-il coupable ?*

Eh bien, nous sommes autorisés à répondre : *Non coupable :* quoique nous ayons reconnu la vérité du fait. — Ainsi nous l'enseigne notre jurisprudence militaire (1). Effectivement on ne peut couper une volonté, une conscience en deux; celle du juré doit se soumettre ici à celle du juge, comme l'affirmation du fait est au dessous de l'appréciation.

Messieurs, nous sommes ici jurés, juges, et de plus, seuls en France, nous réunissons à ces deux qualités le pouvoir politique. Nous faisons la loi politique, loi toujours plus puissante que la loi civile. Or comment la fesons-nous? En en appréciant comme juges politiques l'utilité, et en

____

(1) **Périer**, *Guide des juges militaires.*

plaçant cette considération au dessus des autres, si elle est de nature à les dominer. Dans l'occasion où notre pouvoir a besoin d'être agrandi, s'il est possible, nous consentirions à le restreindre, à l'amoindrir, quand nous pouvons croire que dans l'intérêt de l'état on ne peut trop en exercer la plénitude !

Il n'en est pas ainsi, nous pouvons reconnaître le fait, le juger coupable dans notre esprit : rien cependant n'est encore fait pour nous. Il faut que nous apprécions encore l'utilité politique, et si nous jugeons utile au bien public de céder aux considérations que cet intérêt nous présente, nous prononçons l'acquittement.

Vous comprenez bien, Messieurs, que cette doctrine n'est applicable que parce que nous confondons tous les droits judiciaires et politiques dans notre personne, et vous comprenez surtout que cette doctrine n'est applicable que dans le sens de la grace, dans le sens de la rigueur on ne doit rien étendre.

Messieurs, élevons-nous dès l'accusation à la hauteur de vue qui nous est propre, si je puis me servir de cette expression. Embrassons d'un coup d'œil toute la cause.

Apprécions les motifs qui peuvent ébranler notre confiance dans notre compétence, et surtout la liberté que nous avons incontestablement de la décliner.

Apercevons les causes qui ont égaré les prévenus, la punition complète, terrible, qu'ils ont subie, l'expiation même, offerte par des innocens.

Hommes d'état, juges politiques, jugeons l'utilité pour la chose publique d'une amnistie ; les voix qui la réclament, les voix qui ne peuvent pas la refuser, et les voix qui la recommandent.

Il y a peu de jours encore, des hommes étaient au pouvoir qui vous eussent proposé l'amnistie si le roi ne s'était pas cru le droit de la prononcer à lui seul, et vous l'auriez accordée pour votre part avec empressement.

Graverez-vous aujourd'hui au métal, des résolutions, qui prises il y a huit jours, se seraient trouvées écrites sur le sable !

Combien viennent rapidement les lendemains!

Mais, Messieurs, je m'arrête, et abandonnant toutes les considérations accessoires, je me renferme dans le sens le plus strict de la discussion, en vous proposant de déclarer votre incompétence, ou, si vous le préferez, de décliner votre compétence : je m'appuie sur le rapport même.

« Quand la cour des pairs est ainsi saisie, ELLE » PEUT DÉCLINER SA COMPÉTENCE sans plus ample

» instruction , si elle la croit invoquée mal à
» propos (*Rapport*, page 403). »

Je le répète encore, le crime fût-il suffisamment défini , nous ne pourrions pas encore juger
sans jurisprudence , quand il existe des tribunaux
guidés par une jurisprudence légale, lesquels ont
plénitude de juridiction d'après le rapport lui-
même.

« La compétence de la cour des pairs, N'ÉTANT
» PAS ENCORE DÉFINITIVEMENT RÉGLÉE PAR LA LOI,
» n'exclut pas les tribunaux ordinaires, et la pléni-
» tude de juridiction ne cesse pas d'appartenir aux
» cours royales, lorsque la cour des pairs n'est pas
» saisie. Dans ce système, le cours de la justice ne
» peut jamais être interrompu, et les attentats
» contre l'état peuvent toujours être déférés aux
» JUGES NATURELS ET SPÉCIAUX QUE LEUR A DONNÉS
» LA CHARTE. (*Rapport*, page 403). »

Nous ne dénierions donc pas la justice.

Je vous propose de renvoyer aux tribunaux. De
cette manière vous ne préjugez ni de la punition
ni de la grâce.

Le gouvernement verra sa marche plus libre ,
car ce procès une fois entamé, absorbera un des
pouvoirs de l'État, et arrêtera la législature , si
l'on ne tient pas les accusés dans une interminable
attente.

Et si les obstacles de *toute nature* qui viendraient embarrasser les phases solaires de ce procès en font plus tard reconnaître *l'impossibilité*, l'amnistie deviendra le seul moyen de le terminer......... Mais de le terminer avec honte pour le gouvernement et au détriment de notre valeur parlementaire, car nous sommes obligés de porter de la prévoyance dans nos résolutions.

Enfin, si vous renvoyez aux tribunaux, vous venez de voir qu'ils ont plénitude de juridiction. Et ils jugeront; si l'amnistie que j'appelle de tous mes vœux, comme le meilleur parti que le gouvernement ait à prendre, n'est pas prononcée avant leur jugement.

IMPOSSIBILITÉ.

Nous venons de voir combien les formes judiciaires étaient obligatoires, et que rien n'en peut dispenser.

Eh bien! Messieurs, ces formes déterminées par nos précédents, à défaut de loi, encore faut-il bien que nous les suivions, à moins que nous ne veuillons fonder un nouveau précédent, qui serait d'enfreindre tous les précédents antérieurs.

Le seul acte d'accusation nous force à nous expliquer sur 432 accusés. Nous sommes restés 145 pairs, présens au rapport de l'instruction. Supposons que ce nombre de 145 se réduise de 45, du commencement à la fin de l'accusation, il en restera, terme moyen, au moins 120, chacun ayant à prononcer sur chaque accusé. A chaque tour de scrutin, chaque pair pouvant motiver un vote ; supposons qu'il prenne une minute, c'est environ 2 heures par scrutin ; et comme il faut 2 scrutins, c'est 4 heures par accusé. Il y en a 432, c'est donc 1,728 heures. Or, à 5 heures de séance par jour, c'est 354 jours pour les scrutins. Je ne veux pas compter d'autre emploi du temps.

Il est vrai que les scrutins sur les propositions *de non lieu* et celles sur les contumaces seront fort courts ; encore, prendront-ils au moins un quart-d'heure chacun ; et pour les deux scrutins que nous faisons sur chaque accusé, si nous n'abrégeons pas nos formes, ce qui est peut-être difficile, les 2 plus courts scrutins sur chaque accusé prendront une demi-heure.

Voulez-vous d'après cela réduire de moitié les 354 jours dont je parlais, ce sera 177 jours ; enfin, réduisons cette moitié encore de moitié, restera toujours 86 jours ou 3 mois. Et je ne crois pas que vous puissiez abréger davantage, car les 86 jours dont je vous fais le compte ne comportent, à 5 heures par jour, que 430 heures environ, c'est-à-dire 1 heure pour chaque pré-veuu, l'un dans l'autre.

Le tout calculé sans travaux législatifs, sans cas imprévus, sans retards et sans repos.

Je ne veux pas employer une autre expression que celle de *difficulté très-grande* pour exprimer ce que fait présager l'accusation.

Mais quant au procès, je n'hésite pas à le croire impossible. Je suppose qu'il y ait encore moyennement 120 pairs présents, et que l'accusation ait retenu 120 accusés détenus, et les 119 contumaces, disons en tout seulement 240, vous aurez 120 défenses que l'on saura bien faire durer, avec les répliques, 2 heures chacune.

Défenses et répliques, ci.	2 h.
Ministère public et lecture des piè-	
ces	1
Débats, témoignages, etc.	2
Total par accusé.	5 h.
Et pour 120 accusés présents. . .	600 h.

D'autre part. . . . .   600 h.

Les scrutins sur la culpabilité des 120 présents, et des 120 contumaces dureront au moins, l'un dans l'autre, 1 h., ce qui fera. . . . .   240 h.

Je n'ose pas entrer dans le calcul des scrutins sur la peine. Mais ce n'est pas trop que de croire qu'ils dureront le double du temps nécessaire pour prononcer sur la culpabilité ; ce serait pour chaque prévenu , 2 h., ou. . . .   480 h.

Le total, en négligeant beaucoup de choses, serait donc de. . . . .   1320 h.

Or., à 5 heures par jour. . . . . . .   264 j.
Ou près d'un an.

Toujours sans travaux législatifs, sans incidents considérables , sans retards et sans repos. Nous ne serons pas ici maîtres d'accélérer. Il est à croire qu'au contraire on nous suscitera toutes les lenteurs possibles.

Certainement, je cède au désir de préserver mes calculs d'exagération , mais je suis persuadé que je les établis beaucoup au-dessous de la vérité.

Je me tais sur bien d'autres obstacles. Je ne ferai mention que de la discussion irritante que la presse entretiendra pendant un si long espace de temps.

Pour échelle voulez-vous prendre ce qui se passa sous la restauration ; 27 accusés prirent près de 3 mois ; 120, sur ce pied, prendraient environ 1 an, sans parler de contumaces ; mais il n'y avait pas cette résistance que vous allez éprouver à vos fonctions. Et quand je dirais que le procès durerait deux ans, je n'excéderais pas la durée que de bons esprits lui ont tracée en disant qu'il est impossible.

Je n'ai parlé que des difficultés de temps. J'arrive à celles d'espace. Cet espace, vous ne l'avez pas. Il n'existe pas en France, si ce n'est aux arênes de Nîmes. Ferez-vous un édifice ? Mais voyez les délais. Pouvez-vous convenablement le laisser commencer avant que l'accusation soit prononcée, quand déjà on peut trouver mauvais que le ministre se soit permis de présenter une loi qui préjuge votre jugement sur l'accusation. Quelle est donc cette manière leste de traiter la cour en matière si grave que de ne lui demander pas, si cette prescience si illégale de ses décisions ne la blessera pas dans sa considération.

Quoi ! le bruit des ouvriers qui prépareraient les bancs des accusés (et ici je ne dis pas tout ce que je pense) dominerait les voix de ceux qui les défendraient de l'accusation! Quelle étrange réflexion! Il faut, à notre temps de civilisation, une salle de jugement telle, que pendant 1400 ans la justice du royaume n'en eût jamais besoin, et cette salle serait nécessaire au tribunal dont la juridiction doit être la plus rare, c'est-à-dire être la plus extrême des exceptions, ne connaissant que des plus grands crimes et des plus hauts coupables.

Mais supposez la salle construite. Contiendra-t-elle la chambre, le parquet, 120 accusés au moins, le même nombre de défenseurs, les greffiers, les témoins à charge, ceux si nombreux que l'on ne manquera pas de citer à décharge. Plus, les gendarmes à côté des prévenus, les spectateurs enfin, c'est-à-dire en ne comptant que 10 personnes par accusé, 1200 personnes et au moins 1200 auditeurs. Qui maintiendra l'ordre dans cette assemblée qui ne sera pas bienveillante?

Je ne parle pas de mille autres difficultés, le long emprisonnement des accusés, un lieu pour leur détention, presque impossible à établir, leur translation presque impraticable.

Si après le procès les contumaces se présentent, vous aurez encore à vous assembler en cour à chaqne fois. Avez-vous pensé à ces 119 contumaces?

Je me tais ensuite sur beaucoup de choses.

Non, ce procès est impossible.

Il me semble qu'il n'y a pas, permettez-moi de le dire, non à vous qui certes ne l'avez pas provoquée, mais au gouvernement, il n'y a pas de bon sens à s'opiniâtrer à de telles impossibilités.

On ne jugera pas ; parce qu'en prévoyant tout, il en résulte l'impossibilité de juger.

On ne jugera pas ; parce qu'en outre des impossibilités prévues de juger, il y a trois fois plus d'impossibilités cachées dans ce qui n'est pas prévu.

On ne jugera pas, parce qu'il est de l'essence de cette cause de ne pas être jugée.

Jamais, jamais il n'y a eu d'exemple d'un procès en justice, fait à une *foule* dont vous avez déjà relâché une partie, non que vous ne les regardez pas comme passibles de jugement, mais parce qu'ils encombraient vos prisons, vos procédures.

Une *sédition populaire* n'a jamais été jugée dans les tribunaux, et c'est pour cela qu'on emploie les armes de la troupe à sa répression ; autrement si on pouvait juger les séditieux par les lois, on ne devrait pas les combattre.

Si la sédition avait fait des progrès, s'il y avait

eu plus de villes insurgées, si la révolte eût eu quelques momens de succès, nous pourrions donc avoir un ou deux milliers d'accusés sur les bancs?

Cet exemple une fois établi, nous serons donc les juges de toutes les émeutes politiques? et si quelques régiments se laissent aller à comploter avec des citoyens, et si quelque évènement imprévu troublait les phases solaires de ce procès, si quelque nouvelle affaire survenait à travers celle-ci? il y aurait donc absorption d'une partie de la législature, et que deviendrait la législation?

CONCLUSION.

C'est pour toutes ces causes que je vous prie, Messieurs, de prendre en grande considération ce que vous allez faire, et de ne pas vous décider légèrement, ni rapidement.

Veuillez rassembler dans votre esprit les deux premières parties de cette discussion, qui me paraissent inséparables. 1°. Le droit. 2°. La justice, et les considérations politiques, qui me semblent répondre parfaitement à ce que vous devez vous

proposer comme juges et comme hommes politiques, vous qui devez au pays, qui devez à
vous-mêmes de vous élever à la hauteur de ces
considérations.

Enfin, veuillez remarquer la partie qui traite de
la possibilité, car les hommes ne sont pas sages
qui se sont obstinés à lutter contre une impossibilité prévue.

C'est, Messieurs, ce qui me fait prononcer mon
vote :

La chambre n'est pas compétente.

SUPPLÉMENT ET CONFIRMATION.

La discussion qui a eu lieu à la chambre, il y
a peu de jours, quelque courte et peu approfon-
die qu'elle ait été, m'a encore confirmé dans mon
opinion.

Les plus habiles parmi mes collègues ont mo-
tivé leur vote pour la compétence, en ne voulant
se regarder saisis que par la loi sur les associations, et en reconnaissant ainsi l'insuffisance de
la charte si elle n'avait pas reçu son complément
au moyen de cette loi.

D'autres ont pensé qu'il n'y avait pas lieu à se fonder sur autre chose que sur la charte, et paraissaient regarder la loi comme insuffisante; d'autres la regardaient comme inutile.

Certes je pouvais au moins balancer entre deux avis si contradictoires.

J'étais parfaitement convaincu de l'insuffisance de la charte, et mon opinion semblable sur la loi, a bientôt été une conviction aussi profonde, après avoir entendu un duc, l'un de nos collègues les plus éclairés. Il nous a dit que cette loi n'avait aucune force relativement à notre compétence, que cette loi n'était qu'indicative de juridiction, et qu'elle n'avait pas défini les attentats qu'elle avait indiqués, parce que la définition n'était pas son objet. L'orateur devait le savoir mieux que personne, car il y avait contribué. S'il était question de prétendre que cette loi nous saisit des faits incriminés, on pourrait faire à la loi le reproche d'être postérieure à ces faits, et elle n'échappait à ce reproche que parce qu'elle était une loi indicative de compétence, lois qui ne sont pas soumises à la non-rétroactivité. Enfin cette loi, relativement à notre compétence, nous laissait dans la même position où nous étions avant elle, mais cette position était complète aux yeux de l'orateur. Ainsi il croyait que nous étions compétents d'après les pouvoirs seuls que nous conférait la charte.

Il ajoutait encore que nous ferions la chose du monde la plus inconsidérée, si nous ne nous reconnaissions compétents que d'après la loi sur les crimes des associations : nous déclarerions par là même, que nous ne serions pas compétents pour les autres cas, où une loi spéciale n'aurait pas été rendue ; il tenait donc à ce qu'on ne tirât aucune induction de la loi, et qu'on puisât la compétence dans le seul article 28 de la charte.

Ces raisonnemens supplémentaires aux miens propres m'auraient entraîné si j'avais eu besoin de l'être.

En paraissant être seul de mon opinion, je n'avais donc fait que me ranger à l'opinion de plusieurs collègues, qui rejetaient notre compétence d'après la charte, et à l'opinion d'autres collègues tout aussi éclairés, qui rejetaient la compétence d'après la loi.

Vraiment j'ai reconnu que quelquefois le trop de lumières empêche de voir. Ce que l'on nomme l'esprit, embrouille certaines parties de l'intelligence. Il faut pour se retrouver en revenir au simple bon sens. Je me suis donc fait rapidement cette question ; quand on n'a que deux moyens d'être compétents, et qu'il vous est séparément prouvé que vous ne l'êtes ni par l'un , ni par l'autre de ces moyens, comment l'êtes-vous? La réponse a été facile : on ne l'est pas.

Je n'insisterai pas sur les argumens , tirés des arrêts de cassation. Quelque favorable qu'on aït voulu les rendre au système d'incompétence, j'avoue qu'ils ne sont pas décisifs et qu'ils ne peuvent l'être ni pour, ni contre la compétence. — Ils ne seraient au plus qu'une opinion de la cour de cassation, premièrement, parce que les arrêts cités étaient relatifs a des causes dont la chambre n'était pas saisie, et secondement parce que la cour de cassation n'aurait jamais dû, ni pu rendre arrêt sur arrêt de la chambre des pairs, si l'arrêt de cette chambre comme cour avait été rendu.

Aussi notre collègue a fort justement posé qu'il savait qu'un arrêt de la cour de cassation ne pouvait faire loi pour la cour des pairs.

Mais j'ai du établir qu'il n'est pas exact de dire que des exemples simplement négatifs, quand la

chambre n'était pas saisie, soient en faveur de la
compétence même, avant la confection des lois
complémentaires de la Charte, car il est évident
que la cour de cassation *pensait* que ces lois
étaient nécessaires avant que la compétence de la
Cour des Pairs put s'exercer.

Mon étonnement a été grand quand j'ai entendu un de nos magistrats auquel on s'accorde
pour reconnaître le plus de savoir et par consé-
quent le plus d'autorité, dire qu'il fallait bien
rechercher l'esprit de la Charte........., y reconnaître la pensée du législateur. ...... Je n'ose pas
dire que le mot *interpréter* soit sorti de sa bouche,
car ma mémoire pourrait être infidèle, et la dignité
et la science de notre collègue m'inspirent trop de
respect pour que je risque de changer une de ses
expressions ; mais il a ajouté, et j'en suis certain,
car j'ai pris note pendant qu'il parlait : « Nous de-
» vons examiner si les faits incriminés rentrent
» dans les définitions de la loi qui devait inter-
» venir. » Il m'est donc resté de ce que disait
notre collègue l'impression que l'on ne pouvait

établir notre compétence que par une interprétation de la Charte, faite dans l'équité de notre ame sans doute, mais enfin une interprétation plus ou moins restreinte. Et ce n'est pas sans effroi que je me suis rappelé cette maxime, qu'en droit criminel l'interprétation est un crime. « Il » n'y a point de citoyen contre qui on puisse in- » terpréter une loi quand il s'agit de son honneur » ou de sa vie (1). »

Enfin, une réflexion a été faite par un de nos collégues déjà cité, et elle est assez frappante. Elle fait présumer (et ici la présomption est permise) que le gouvernement qui, après les troubles de juin 1832, cherchait à traduire les préveuus de ce temps-là à des tribunaux d'exception, ne regardait pas la cour des pairs comme compétente. Le gouvernement, pour trouver un tribunal exceptionnel, fut jusqu'à saisir, contre toute loi, les conseils de guerre. La cour de cassation frappa de réprobation la compétence attribuée aux conseils de guerre, et le gouvernement n'osa pas saisir la cour des pairs. La cour de cassation déféra les causes aux tribunaux ordinaires, et le

(1) Montesquieu, livre vi, c. 3

gouvernement les y laissa aller. Il est vraisembla-
ble que c'est parce que les lois qui pouvaient
fonder la compétence de la cour des pairs, n'étant
pas rendues, le gouvernement lui-même pensait
que sa compétence n'existait pas encore.

Ces réflexions qui portent sur ce que j'ai entendu de plus important dans la discussion me
paraissent venir fortement à l'appui de ce que j'ai
avancé dans la première partie de cet écrit,
celle de droit. Aussi, je les regarde comme en
étant la confirmation.

Je n'ai plus qu'une observation à faire , c'est
que la chambre des pairs n'a cessé de demander
les lois qui devaient fixer sa compétence et former
sa jurisprudence.

Dès décembre 1815 , il y eut une proposition
de M. de Talaru, développée, et à la suite de
laquelle une commission nomma M. Molé rap-
porteur. Un projet de résolution fut discuté en
février, et communication fut donnée à l'autre
chambre.

En 1816. Projet sur la compétence de la chambre des pairs, et sur son mode de procéder comme cour, soumis aux députés.

En 1817. Projet d'organisation de la chambre en cour, présenté aux députés.

En 1820. Proposition par le comte Lanjuinais, développée et rejetée.

Le même jour, proposition par M. de Pontécoulant, de nommer une commission pour examiner toutes les questions relatives à l'organisation de la cour.

Avril 1820. Le garde des sceaux communique une ordonnance relative à l'organisation de la chambre en cour de justice. Grande discussion à ce sujet. L'ordonnance est renvoyée à la commission.

En 1821. M. Ferrand fait une proposition pour provoquer les lois qui doivent définir les crimes à déférer à la cour des pairs, cette proposition suit les formes jusqu'en mars.

En 1822, elle est ajournée, reprise encore par M. Férand.

En février 1823, elle éprouve encore le même sort en avril.

En 1828. Une autre proposition est faite, je crois par M. Lainé, et se termine de même par l'ajournement.

Vous voyez messieurs, si la chambre croyait que sa compétence fût certaine!

Je serai au reste très empressé de connaître les réfutations qui pourront être faites des opinions exprimées dans cet écrit. La fin des résolutions sur l'accusation permet je crois encore de traiter la compétence avant de passer au jugement. Cette question sera encore bien certainement un moyen préjudiciel de la défense, et chacun pourra encore examiner le mérite des motifs pour et contre, et se décider en conséquence.

Paris, 23 décembre 1834.

D. DE SESMAISONS.